INAMOVIBILITÉ

DE LA

MAGISTRATURE

PARIS. — IMPRIMERIE J. DUMAINE, RUE CHRISTINE, 2

INAMOVIBILITÉ

DE LA

MAGISTRATURE

ET

NÉCESSITÉ DE LA MAINTENIR

PAR

GUSTAVE PIRARD

DOCTEUR EN DROIT

L'INAMOVIBILITÉ
SON HISTOIRE — SES CARACTÈRES
SON EXISTENCE A L'ÉTRANGER

PARIS

IMPRIMERIE ET LIBRAIRIE GÉNÉRALE DE JURISPRUDENCE

COSSE, MARCHAL ET Cie, IMPRIMEURS ÉDITEURS

LIBRAIRES DE LA COUR DE CASSATION

Place Dauphine, 27

1878

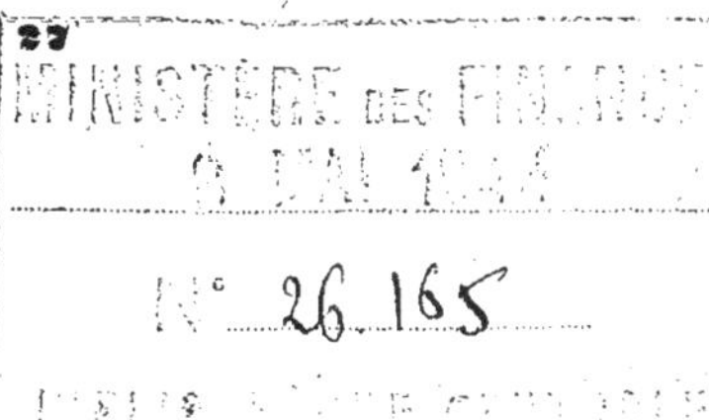

AVERTISSEMENT

Depuis quelques mois, la réforme judiciaire est à l'ordre du jour : la question de l'inamovibilité de la magistrature surtout semble passionner les esprits et être entrée définitivement dans le domaine de la presse, en attendant qu'elle se déroule devant les chambres françaises. Rien d'étonnant à cela : la magistrature constitue par elle-même l'un des éléments fondamentaux de toute organisation sociale, et ce qui la concerne figure naturellement en première ligne, au nombre de ces divers projets de réforme qui doivent, dans un avenir prochain, occuper les séances du Corps législatif.

Le moment a donc paru opportun, à l'auteur de cette brochure, de résumer sommairement la question de l'inamovibilité avec les principaux problèmes qui s'y rattachent, laissant à d'autres plus compétents le soin de la développer et de l'étudier d'une manière plus complète et plus scientifique. Trop heureux pour sa part si ces quelques lignes, écrites sans esprit de parti, peuvent contribuer à élucider le sujet et à détruire des préventions.

G. PIRARD.

INAMOVIBILITÉ DE LA MAGISTRATURE

CHAPITRE Ier

HISTORIQUE DE L'INAMOVIBILITÉ

Définition de l'inamovibilité. — Sous Louis XI, les conseillers du Parlement deviennent inamovibles. — Vénalité des charges de judicature. — Henri IV et la Paulette. — L'indépendance de la magistrature, conséquence de la vénalité des charges. — Suppression des Parlements. — Durant la Révolution, juges inamovibles et nommés à temps. — Sous le premier Empire et la Restauration, les juges sont nommés à vie. — En 1830, l'inamovibilité est consacrée d'une manière définitive. — Attaques récentes.

I. Un fonctionnaire est inamovible lorsqu'il ne peut être déplacé, destitué, mis à la retraite que sous les conditions et dans les formes prescrites par la loi. L'inamovibilité n'implique donc pas nécessairement l'idée d'une fonction conférée à vie. En France, la magistrature assise, comprenant les juges des tribunaux d'arrondissement, les conseillers des Cours d'appel et ceux de la Cour de cassation, est seule inamovible, à l'exclusion de la magistrature debout, autrement dit des membres du parquet, dont la nomination et la révocation appartiennent exclusivement au chef du pouvoir exécutif. A l'inamovibilité, la magistrature assise joignait même, il n'y a pas encore longtemps, la perpétuité des fonctions; mais, depuis 1852, ses membres sont appelés à la retraite, dans une période plus ou moins avancée de leur âge, suivant qu'ils appartiennent à la Cour de cassation ou aux autres Cours et tribunaux.

Fixer d'une manière précise l'année, le jour, l'heure où l'inamovibilité de la judicature a été introduite dans notre pays serait une chose, sinon impossible, du moins plus que téméraire. Ce que l'on peut cependant affirmer, c'est que si elle n'y a pas toujours existé, en fait, elle existait depuis longtemps lorsque les lois vinrent la consacrer d'une manière positive. C'est ce qu'explique très-bien cette judicieuse réflexion du président Hénault : « Des circonstances ont « précédé, des faits particuliers se sont multipliés, et ils ont « donné, par succession de temps, naissance à la loi géné- « rale sous laquelle on a vécu ».

II. Louis XI, ce roi sans principes ni moralité, ce politique sans entrailles, mais qui fit tant pour la grandeur de la France, porta à plusieurs reprises son attention sur les gens de justice, et l'on peut dire qu'il fut l'un des premiers monarques à s'occuper d'une manière sérieuse de l'inamovibilité de la magistrature. Le 21 octobre 1467, il rend, sur les remontrances du Parlement de Paris, un édit qui décide que, désormais, il ne donnera aucun office dans cette cour, s'il n'est vacant par *mort, résignation ou forfaiture* (1). Dans ses instructions à Charles VIII son fils, il revient encore sur le même sujet, et recommande expressément au jeune prince de ne pas révoquer ses officiers tant de judicature que autres. Il est vrai qu'à l'occasion, il ne respecte guère les principes qu'il venait de poser, car, dans

(1) *Recueil des anciennes lois françaises*, par Isambert, tome x.

le procès du duc de Nemours, voyant les membres du Parlement de Paris incliner à la clémence, il leur reproche de faire bon marché de sa peau, et les menace d'expurger la cour de telles gens : il suspend même de leurs offices trois conseillers qui n'avaient pas voulu voter la mort du coupable. Mais qu'attendre d'un roi cauteleux et sans foi ! Qu'il suffise seulement de constater que, dans sa haute intelligence, il avait reconnu d'une manière expresse l'opportunité de l'inamovibilité et qu'il avait cru devoir la proclamer hautement dans deux circonstances solennelles.

III. Sous ses successeurs, le principe ne paraît pas avoir reçu légalement de sanction nouvelle; mais il devait être consacré d'une manière indirecte par différentes ordonnances sur la vénalité des charges de judicature tendant toutes plus ou moins à assurer au titulaire, durant sa vie, la possession de son office, et à ses héritiers la propriété de la finance.

Voici ce qu'était la finance : une créance sur le roi, représentative des deniers versés dans le trésor public par le premier acquéreur de l'office. Cette créance était regardée comme vénale entre particuliers, et dans le fait elle pouvait s'acquérir à prix d'argent comme tous les objets qui sont dans le commerce. Mais l'office proprement dit, c'est-à-dire le droit d'exercer les fonctions publiques qui s'y trouvaient attachées, n'était nullement dans le commerce. Le roi ne le conférait jamais qu'à vie; et le décès ou la démission du titulaire le faisaient rentrer dans la main du prince qui pouvait en disposer à son gré. Maintenant le titre n'était accordé qu'à celui qui se présentait avec la preuve qu'il avait acquis la finance ou du moins qu'il avait le consentement de celui à qui elle appartenait. Mais comme les propriétaires de la finance auraient pu gêner ou empêcher la concession du titre, en imposant au sujet agréé par le roi des conditions trop dures, plusieurs édits avaient fixé le prix des offices. Il se passait en pareille circonstance quelque chose d'analogue à ce qui se passe encore aujourd'hui, quand un officier ministériel, notaire ou avoué par exemple, vend sa charge, et que la chancellerie réduit le prix porté au contrat comme trop élevé, eu égard aux bénéfices annuels du titulaire. Seulement pour les offices de judicature, les édits se montraient d'une sévérité excessive et imposaient des pénalités exorbitantes : ainsi sous Louis XIV, l'édit de décembre 1665 (1), déclare le titulaire vendeur, coupable de fraude, incapable désormais d'exercer aucun office de judicature, et confisque en entier le prix de la charge.

A plusieurs reprises, les rois de France se repentent d'un pareil état de choses ; les Parlements eux-mêmes adressent force remontrances ; mais rien n'y fait : les guerres aventureuses, les dilapidations de toute espèce vident le trésor et entraînent nécessairement les recours aux expédients et le retour des mêmes abus.

François Ier, pour payer les Suisses à sa solde, se voit dans la nécessité de créer vingt nouvelles charges de conseillers au Parlement de Paris, dont il trouve facilement à se défaire, grâce à la vanité des bourgeois, qui s'empressent de se porter acquéreurs, malgré la résistance des anciens conseillers, qui ne cèdent que devant les ordres formels du souverain. Il y a plus, le même expédient se répète dans les Parlements des provinces, et c'est vraiment à dater de cette

(1) *Recueil des anciennes lois françaises*, par Isambert, tome XVIII.

époque que l'histoire a pu constater que les charges de judicature étaient devenues vénales dans le royaume de France.

IV. Sous Henri IV, le sage Sully lui-même, désespérant de déraciner cet abus, veut tout au moins le régulariser : en conséquence, il fait décider par arrêt du conseil du roi, du 7 décembre 1604 (1), que tout officier de justice ou de finances paiera chaque année le soixantième de la valeur de son office, moyennant quoi il en deviendra propriétaire, et ses héritiers, s'il vient à mourir, pourront en transmettre la propriété à qui bon leur semblera. Ainsi prit naissance l'impôt appelé Paulette, du nom du traitant Paulet qui l'avait suggéré au ministre et qui en fut le premier fermier. Ainsi se trouva aussi confirmé le principe de la vénalité des charges et, par contre-coup, celui de l'inamovibilité des offices de judicature, vénalité qui, malgré des critiques acerbes, ne devait disparaître qu'au souffle des principes de 1789.

Telle était donc cette institution, ressource malheureuse adoptée pour subvenir au déficit du trésor, et contre laquelle Platon, dans sa *République*, protestait déjà avec tant d'énergie. « C'est, dit le philosophe grec, comme si, dans un « navire, on faisait quelqu'un pilote ou matelot pour son « argent. Serait-il possible que la règle fût mauvaise dans « quelque autre emploi que ce fût de la vie, et bonne seule- « ment pour conduire une république. » Montesquieu, partisan de la vénalité des charges, dans les États monarchiques, a vainement essayé de réfuter ce raisonnement, et il faut lire le chapitre de l'*Esprit des lois* intitulé *Nouvelles conséquences des principes des trois gouvernements* (2) pour se figurer la

(1) *Recueil des anciennes lois françaises*, tome XV.

(2) Œuvres de Montesquieu, *Esprit des lois.*, livre V, chapitre XIX.

puérilité d'arguments à laquelle peut se laisser entraîner un homme de génie lorsqu'il se décide à soutenir une cause condamnée d'avance.

V. Mais comme en ce bas monde une institution, si déplorable qu'elle soit, ne laisse pas, sous bien des rapports, que de présenter certains avantages, et que l'excès du mal engendre parfois quelque bien, il arriva que les titulaires d'offices, ne pouvant être dépossédés à moins de faute grave qui les fît déclarer indignes de la magistrature, les officiers des Parlements devinrent inamovibles et indépendants, transmirent à leurs descendants, avec leurs charges, une fermeté qui, dans bien des circonstances, devait suppléer au sentiment de fierté que seules peuvent donner la pratique de la liberté et de sages lois appliquées par un gouvernement éclairé et responsable. En outre de ce que les charges judiciaires se vendaient à des prix très-élevés, bien que produisant de maigres bénéfices, il s'ensuivit que les riches seuls purent se porter acquéreurs et que les Parlements restèrent en majorité composés de descendants d'anciennes familles, fiers de leur origine, imbus de principes qui ne leur permettaient pas de s'abaisser devant le pouvoir de nouveaux conseillers, qui eux, de leur côté, possédant la fortune et ayant acquis leurs charges, se montraient jaloux de ne point déroger aux yeux de collègues siégeant par droit héréditaire, et naturellement enclins à se prévaloir de l'ancienneté de leurs titres et de l'illustration de leurs aïeux.

Au moment où la Révolution française éclatait, les Parlements, ces grands corps chargés principalement de l'administration de la justice, en étaient arrivés, d'empiètements en empiètements, à joindre à cette haute mission la majeure partie des attributions politiques, législatives, administratives, et c'était en vain un jour que le chancelier L'Hôpital leur rappelait qu'ils étaient les juges du pré et du champ, non de la vie, non des mœurs, non de la religion. Soutiens de la royauté tant que celle-ci eut à lutter contre une aristocratie puissante et fut absorbée par son travail de centralisation, il arriva un moment où ils demandèrent le prix des services rendus, se posèrent en adversaires de cette royauté, et même, pour conserver leur pouvoir, recherchèrent la popularité et se mêlèrent à toutes les agitations des partis.

VI. L'Assemblée nationale, emportée par ses idées de réforme, avait annihilé la royauté : logiquement, elle ne pouvait conserver les Parlements; aussi, dans la fameuse nuit du 4 août 1789, la voit-on décréter la suppression de la vénalité des offices de judicature et la gratuité de la justice. C'était porter le coup mortel aux Parlements : il s'agissait donc de réorganiser la magistrature sur de nouvelles bases; c'est ce que fit la loi des 16-24 août 1790. Désormais, plus de justices seigneuriales, et avec elles abolition des cas royaux, ainsi que des cas seigneuriaux. Plus de Parlements, et, par conséquent, suppression de l'enregistrement des lois, des remontrances, des lits de justice et des lettres de jussion. A la place, une organisation judiciaire en rapport avec la nouvelle organisation administrative. Le royaume venait d'être divisé en départements, les départements en districts. A la tête de chacun de ces districts on plaça un tribunal qui, de cette circonstance, reçut la qualification de tribunal de district, et toujours par crainte de ressusciter les anciens corps de magistrature, on évita la création de Cours supérieures, en rendant les tribunaux nouvellement créés juges d'appel les uns vis-à-vis des autres.

VII. Enfin, et c'est là la partie de la loi qui nous concerne spécialement, le titre II porte : « Art. 1er, § 3. Les juges seront élus par les justiciables.—§ 4. Ils seront élus pour six années; à l'expiration de ce terme, il sera procédé à une élection nouvelle, dans laquelle les mêmes juges pourront être réélus. » Ainsi élection, fonctions à durée limitée, mais toujours inamovibilité : tel est le système qui devait, sauf des modifications de détail, régir la France jusqu'à la constitution du 22 frimaire an VIII, qui maintient l'inamovibilité de la magistrature, mais supprime l'élection pour donner au gouvernement la nomination à vie des magistrats autres que les juges de paix.

VIII. En 1807, Napoléon Ier est à l'apogée de sa puissance. Il ne pouvait guère convenir à l'homme qui avait vaincu l'Europe, imposé ses lois aux plus puissants États, au souverain habitué à voir plier toutes les têtes sous sa volonté de fer, de conserver des fonctionnaires indépendants de ses caprices, et qui, à l'abri du caractère inviolable de leurs fonctions, eussent pu braver impunément l'éclat de sa toute-puissance. De là l'article 1er du sénatus-consulte du 12 octobre 1807, ainsi conçu : « A l'avenir, les provisions qui instituent les juges à vie ne leur seront délivrées qu'après cinq années d'exercice de leurs fonctions si, à l'expiration de ce délai, S. M. l'Empereur et Roi reconnaît qu'ils méritent d'être maintenus dans leur place. » Et pourtant, tout en essayant de soutenir cette disposition, l'orateur du gouvernement, par un aveu pour ainsi dire involontaire, s'empresse de rendre hommage au principe qu'elle tend à détruire, tant sont puissantes les vérités lorsqu'elles s'appuient sur l'expérience et la raison ! « Cependant, poursuit-il, le magistrat a besoin de courage pour

« résister à tous les genres de séduction dont il est trop « souvent entouré et pour braver les haines puissantes qu'il « aura quelquefois encourues en accordant au pauvre et au « faible la protection de la justice qu'il leur doit. Et qui « donc pourrait se dévouer à cette dangereuse et pénible « profession sans la certitude de la stabilité et sans la pers- « pective consolante d'une vieillesse entourée de considéra- « tion et d'un respect qui ne manqueront jamais à la vertu, « qui forment sa plus douce récompense, la seule peut-être « qu'elle doive ambitionner (1). » Qu'aurait pu dire de plus un défenseur invétéré de la perpétuité des fonctions judiciaires et de leur inamovibilité ?

L'Empire avait porté au principe de l'inamovibilité une atteinte équivalant presque à sa suppression. La Restauration s'empressa de la rétablir, mais pour l'avenir seulement, puisque, aux termes de la Charte de 1814, article 58, ce fut aux juges nommés par le roi que l'inamovibilité fut réservée, et que bientôt après une ordonnance du 12 juillet 1815 vint mettre en pratique cette disposition en déclarant d'une manière expresse, article 5, que les fonctionnaires de l'ordre judiciaire nommés par le gouvernement précédent ne pourraient conserver leur position qu'autant qu'ils auraient obtenu une nouvelle nomination de la part du roi. Mesure pharisaïque que prenait le gouvernement, tout en affectant de respecter l'inamovibilité, afin de mieux frapper les fonctionnaires du système déchu et leur substituer ses créatures.

Mais il n'est guère dans la logique des partis de se contenter de demi-mesures, et bientôt après on proposa à la Chambre des députés de suspendre l'institution des magistrats pendant une année à partir de leur nomination, et de

(1) Sirey, *Lois annotées*. Voir la note.

remplacer ainsi l'agrément des compagnies de magistrature autrefois requise pour l'admission de tout candidat. C'était, sauf la durée de la suspension de l'institution, une année au lieu de cinq, revenir au système du premier Empire, et violer la Charte. Néanmoins plusieurs députés prirent la parole pour défendre le projet : c'est alors que Royer-Collard monta à la tribune, et prononça l'un de ces discours aussi remarquables par la beauté du langage que par l'élévation des idées. Jamais peut-être l'inamovibilité, en butte aux attaques des passions du jour et aux convoitises de l'ambition, n'avait été défendue avec une pareille éloquence. Le discours est à lire d'un bout à l'autre. En voici quelques passages : « Lorsque le pouvoir chargé d'instituer le juge « au nom de la société appelle un citoyen à cette éminente « fonction, il lui dit : Organe de la loi, soyez impassible « comme elle. Toutes les passions frémissent autour de vous; « qu'elles ne troublent jamais votre âme..... » Et plus loin l'orateur poursuit : « Le citoyen répond : Je ne suis qu'un « homme, et ce que vous me demandez est au-dessus de « l'humanité!... Je ne puis m'élever toujours au-dessus de « moi-même, si vous ne me protégez à la fois et contre « moi et contre vous. Secourez donc ma faiblesse, affran- « chissez-moi de la crainte et de l'espérance; promettez que « je ne descendrai point du tribunal, à moins que je ne « sois convaincu d'avoir trahi les devoirs que vous m'im- « posez. Le pouvoir hésite, c'est la nature du pouvoir de se « dessaisir lentement de sa volonté ! Éclairé enfin par l'ex- « périence de ses véritables intérêts, subjugué par la force « toujours croissante des choses, il dit : Vous serez inamo- « vible (1). »

---

(1) *Vie politique de Royer-Collard*, par De Barante, tome Ier.

La Chambre resta insensible à la raison et à l'éloquence : elle s'empressa d'adopter les conclusions de la commission. Heureusement dans la Chambre des pairs, la vérité triompha de la passion, et le projet fut rejeté à une très-forte majorité.

IX. En 1830, l'inamovibilité n'est pas attaquée dans son essence même ; cependant, au moment de la révision de la Charte par la Chambre des députés transformée en Assemblée constituante, M. de Brigode présenta un article additionnel ainsi conçu : « Les juges recevront une nouvelle institution avant le 1er janvier 1831. » C'était encore une fois revenir aux errements du premier Empire ; mais la proposition ne fut pas admise. En vain M. Mauguin l'appuya-t-il de toute la force de sa logique ; en vain proclama-t-il que l'inamovibilité n'est que la certitude pour le juge de rester en fonctions tant que le gouvernement qui l'a institué subsiste ; qu'un gouvernement du reste ne peut promettre le fait de celui qui le renverse ; en vain s'appuya-t-il de l'exemple de Louis XVIII rentrant en France et changeant les magistrats. MM. Dupin et Madier de Montjau combattirent victorieusement son argumentation et firent rejeter l'article additionnel (1).

Depuis cette époque, le principe de l'inamovibilité n'a plus été mis en question d'une manière sérieuse, et les divers textes législatifs ne font pour ainsi dire que le rappeler pour mieux le consacrer. Bornons-nous donc simplement à citer ces textes : Loi du 8 août 1849, art. 1er. « Sont maintenus les cours et tribunaux actuellement existants et les magistrats qui les composent. » — Constitution du 14 jan-

(1) Sirey, *Lois annotées*. Voir la note.

vier 1852, art. 26. « Le Sénat s'oppose à la promulgation : 1° des lois qui seraient contraires ou qui porteraient atteinte.... au principe de l'inamovibilité de la magistrature. »

Toutefois il faut noter, l'année même de la proclamation du second Empire, une atteinte portée au système de la perpétuité des fonctions de la magistrature, système qui, on doit le reconnaître, n'avait jamais cessé, sauf les quelques années que dura la révolution, d'être considéré comme le corollaire obligé de l'inamovibilité sainement comprise. Jusqu'à cette date de 1852, le juge était à peu près assuré de mourir sur son siége ; seulement, une commission composée des membres de sa compagnie pouvait constater son impuissance à rendre la justice et le forcer à se démettre : ainsi se trouvaient conciliées les nécessités du service public avec les égards dus à la vieillesse, et jusqu'au dernier jour le magistrat pouvait faire profiter son pays de l'expérience acquise dans l'exercice de ses fonctions. Telle est la situation qu'a voulu modifier le décret des 1er et 5 mars 1852, en mettant de plein droit à la retraite, à l'âge de soixante-quinze ans, les membres de la Cour de cassation, et, à l'âge de soixante-dix ans, ceux des Cours d'appel et des Tribunaux de première instance. Le besoin se faisait sentir, à la veille de l'Empire, de faire de nombreux vides dans la magistrature, au moyen de ces retraites forcées ; c'était un expédient pour opérer la transformation du personnel et augmenter l'influence du gouvernement sur le corps judiciaire en surexcitant les ambitions impatientes. Au lieu de ces vieilles familles, en possession pour ainsi dire traditionnelle de leurs fonctions, au lieu de ces juges modestes, instruits, vivant dans leur résidence honorés et sans ambition autre que celle de l'estime de leurs concitoyens, on vit des juges, tourmentés de la fièvre de l'avancement, passer d'une extrémité de la France à l'autre, et au moyen de déplacements perpétuels, s'acheminer vers les hautes positions, objet de leurs plus ardents désirs.

Au sortir de la fatale guerre de 1870, un projet de réorganisation judiciaire fut rédigé et un rapport déposé sur le bureau du Corps législatif, à la date du 4 septembre 1871; mais ce rapport ne devait pas être soumis à la discussion devant les Chambres. Qu'il suffise de dire que le principe de l'inamovibilité n'y est même pas mis en question; que, bien loin de là, on semble au contraire avoir voulu entourer la nomination des magistrats et l'exercice de leurs fonctions de nouvelles garanties d'impartialité et de stabilité. C'est ainsi que le projet institue auprès de chaque Cour d'appel, une commission spéciale chargée, lorsqu'une vacance dans le personnel judiciaire vient à se produire, de présenter une liste de trois candidats, sur laquelle, en principe général, le gouvernement se voit astreint à choisir le nouveau fonctionnaire. C'est ainsi encore qu'en ce qui concerne la retraite, il supprime la distinction établie par le décret de 1852, entre les membres de la Cour de cassation d'une part, les membres des Cours d'appel, Tribunaux de première instance de l'autre, et que pour ces derniers il recule également la limite d'âge jusqu'à soixante-quinze ans.

X. A l'heure actuelle la question semble se ranimer, et l'on parle à nouveau de réorganisation judiciaire. Si même l'on en juge par le bruit qui se fait dans la presse autour de l'inamovibilité, il est impossible de ne pas se représenter, d'ici à quelques mois peut-être, la sécurité de la magistrature assise exposée aux plus rudes attaques. L'amour des réformes, les sollicitations des quémandeurs de places, les inimitiés des partis : voilà encore sans aucun doute autant de motifs pour rapprocher le jour et l'heure, où il faudra défendre pied à pied ce qui, aux yeux d'un grand nombre, constitue la base fondamentale de toute organisation judiciaire sérieuse. Il s'agit donc, pour l'instant, d'envisager sans crainte, mais aussi sans faiblesse, la situation présente, et après avoir démontré que l'inamovibilité trouve un premier point d'appui dans le passé de l'histoire, d'examiner si la théorie et la pratique ne viennent pas renforcer pour ainsi, dire le principe et lui donner une consécration nouvelle; aussi, est-ce à l'étude de l'inamovibilité étudiée en elle-même et des problèmes qui s'y rattachent, que sera consacré le chapitre qui va suivre.

CHAPITRE II

L'INAMOVIBILITÉ EN THÉORIE ET DANS LA PRATIQUE.

En France, les fonctions judiciaires sont inamovibles. — L'indépendance, la science, l'expérience, ces trois qualités essentielles du juge, ne peuvent exister sans l'inamovibilité. — L'inamovibilité n'est pas incompatible avec le gouvernement républicain. — Nouvelle investiture de la magistrature. — Le choix des magistrats rentre dans les attributions du pouvoir exécutif.

I. En France, nous l'avons déjà vu, les fonctions judiciaires sont essentiellement inamovibles, et, par un scrupule digne d'éloges à tous égards, on a toujours entendu le principe en ce sens qu'il doit s'appliquer non-seulement au titre, mais encore à la résidence, si bien qu'aucun juge, sans son consentement exprès, ne peut être exposé à se voir transféré d'un siége à un autre et condamné malgré lui à rompre ses liaisons, ses habitudes, son commerce habituel de société, à quitter un pays où se trouvent ses biens, ses amis, sa famille, et qu'il peut regarder comme un véritable malheur d'abandonner, fût-ce même avec la certitude d'aller occuper une situation plus agréable et un poste plus avantageux.

Cette inamovibilité, base fondamentale de notre système judiciaire, on a maintes fois, ainsi que cela a été expliqué au chapitre précédent, cherché à la détruire ou tout au moins à l'amoindrir, comme on voudrait encore le faire aujourd'hui; mais, en définitive, aussitôt le calme revenu et les passions apaisées, elle est toujours parvenue à triompher des attaques et des sophismes, pour sortir en quelque sorte rajeunie des épreuves qu'elle avait eues à traverser.

II. C'est qu'en effet, la garantie sérieuse de toute bonne justice, les intérêts les plus sacrés des plaideurs exigent du magistrat plusieurs qualités essentielles, au nombre desquelles se placent, en première ligne, l'indépendance, la science et l'expérience, trois qualités qui ne peuvent exister, à proprement parler, sans l'inamovibilité entendue de la manière la plus large, c'est-à-dire unie à la perpétuité des fonctions. Reprenant donc avec quelques détails l'examen de ces conditions, il sera facile de saisir les liens intimes qui les rattachent à notre principe.

L'INDÉPENDANCE. — Le juge doit être indépendant. Quelle est en effet sa mission? La réponse, la voici; elle coule de source : 1° protéger la sécurité des personnes; 2° garantir la propriété des biens. Il faut donc qu'il reste neutre entre les personnes qui viennent lui soumettre leurs contestations; ensuite, il ne doit être l'agent de personne, car, s'il était agent, son supérieur pourrait lui intimer des ordres qu'il serait tenu d'exécuter et dont il devrait compte; partant il serait responsable envers quelqu'un. Mais, comment serait-il responsable, puisque la règle qu'il applique, il la reçoit toute faite; qu'il n'y a rien dans ses déterminations qui lui appartienne en propre; qu'au contraire, son premier devoir, en toutes circonstances, est d'incliner sa raison devant les décisions suprêmes du législateur.

Intermédiaire entre la loi et le plaideur, il a besoin d'impartialité; c'est dire assez qu'il faut le mettre à l'abri des luttes de partis et le protéger contre l'arbitraire des gouvernements. Étranger alors aux intrigues et aux factions, placé, pour ainsi dire, dans un autre monde, il pourra regarder, sinon d'un œil froid, du moins avec un calme relatif, les luttes qui se livrent et les passions qui s'agitent autour de lui.

Eh bien! le moyen de la lui procurer, cette indépendance, n'est-ce pas de le placer dans une position telle, qu'il n'ait plus rien à craindre ni à désirer des hommes? Écoutons ce que dit, à cet égard, Benjamin Constant, l'un de nos publicistes les plus distingués, dans son cours de politique constitutionnelle : « Toute nomination temporaire, soit par « le gouvernement, soit par le peuple, toute possibilité de « révocation, à moins d'un jugement positif, portent d'égales « atteintes à l'indépendance du pouvoir judiciaire (1). » Est-ce là de la pure théorie? Assurément non. Que voit-on, par exemple, chez les Anglais, peuple profondément versé dans la connaissance des sciences politiques? Non-seulement leurs juges sont investis de fonctions à vie; non-seulement ils ne peuvent être révoqués au gré du pouvoir, mais encore les chances d'avancement sont excessivement rares, et c'est un phénomène de voir un simple juge quitter son siége pour occuper celui de la présidence. Nos voisins d'Outre-Manche ont pensé que les hommes sont naturellement faibles, qu'il ne faut pas laisser trop de place, dans l'âme des magistrats, aux suggestions de l'ambition, et qu'il n'est pas bon que l'espoir de l'avancement les porte plutôt à solliciter les faveurs de la Cour, qu'à remplir scrupuleusement leurs devoirs. Mais, en compensation, ils leur assignent un rang fort élevé dans la hiérarchie sociale, et leur allouent des traite-

(1) Benjamin Constant, *Cours de politique constitutionnelle*, tome 1er, chapitre XIX.

ments considérables, s'inspirant, en cela, des idées de lord Brougham, qui n'hésite pas à déclarer que l'État qui paie mal ses juges se livre à la parcimonie la plus insensée et réalise la pire des économies (1).

La science. — S'il suffit, en effet, pour certains emplois publics, d'avoir un esprit droit et éclairé, avec beaucoup de bonne volonté, il n'en est pas de même pour la magistrature : elle demande plus que les qualités ordinaires; elle exige l'attention la plus soutenue, les études les plus complètes et les plus suivies, pour pouvoir se retrouver au milieu des compilations juridiques de toutes sortes, et des monuments innombrables de la jurisprudence. Et encore, malgré tous ses efforts, l'homme le plus studieux arrivera au terme de sa carrière, pour constater que la science du droit est de celles qui ne s'épuisent pas; que la vie se passe, selon l'expression de Lanjuinais, à boire quelques gouttes de cet océan ; que nous vieillissons en apprenant et que la mort nous surprend apprenant encore. Si nous ajoutons que chaque révolution corrige, remanie, détruit même les systèmes des régimes qui l'ont précédée, il sera facile de se représenter les veilles auxquelles devra s'astreindre tout esprit soucieux de remplir la fonction que la loi lui confie.

L'expérience. — A la science, le magistrat doit joindre l'expérience. Des personnes l'avaient fort bien compris lorsqu'elles proposaient d'établir le noviciat judiciaire. Et, en 1848, M. Bonnier, professeur à la faculté de droit de Paris, l'un des plus zélés partisans de cette institution, l'appuyait fortement, par cette raison que, créer un stage spécial pour un ordre de fonctions auxquelles on ne saurait trop

(1) Lord Brougham's Works, *British constitution.*

se préparer, c'était prévenir l'inexpérience si fâcheuse et malheureusement si commune parmi les jeunes substituts (1). Enfin, si l'on interrogeait ces avocats consommés dans la pratique des affaires qui, sur la fin de leur carrière, cherchent encore, dans la magistrature, le moyen de servir leur pays, ne répondraient-ils pas qu'avec la pratique judiciaire, sur beaucoup de questions, leur point de vue a changé, qu'il s'est opéré dans leur esprit une révolution analogue à celle qui s'est faite dans leur changement de position; qu'il leur a fallu prendre l'habitude d'écouter durant de longues heures, de se défier de leurs premières impressions, d'écarter toutes les circonstances extérieures, tous les préjugés susceptibles d'altérer, en quoi que ce soit, la valeur de leur opinion.

Une chose certaine, c'est que l'esprit judiciaire, loin de s'amoindrir, se perfectionne dans la contemplation et la pratique continuelle du droit, et pour ne prendre qu'un exemple entre beaucoup d'autres, il n'y aurait qu'à citer Henrion de Pansey, appelé plus que septuagénaire à la présidence de la Cour de cassation, aux applaudissements unanimes du public, du barreau et de la magistrature.

C'est pour avoir méconnu la nécessité absolue de l'expérience dans l'exercice des fonctions judiciaires, que, tout récemment encore, quelques états de l'empire d'Allemagne conservaient une ancienne voie de recours étrangère aux autres peuples; dans certaines circonstances, les pièces du procès étaient adressées aux facultés de droit des Universités, qui formaient ainsi une dernière classe de tribunaux. Eh bien! il est permis de mettre en doute la valeur d'un semblable système; la retraite et la solitude de la plupart des

(1) *Revue étrangère et française*, tome IX.

professeurs qui prononçaient la sentence, leur ignorance à peu près complète de la vie pratique, les études abstraites auxquelles ils se livraient, tout cela devait les rendre peu propres à apprécier sainement les diverses circonstances qui forment le fond d'un procès ; et certes, jamais, au grand jamais, il ne serait venu à la pensée d'un juge sage et expérimenté d'examiner, comme le faisait un jurisconsulte, si l'homme qui mourait subitement sous le poignard d'un assassin n'était pas, en réalité, décédé frappé d'une apoplexie qui l'aurait surpris au moment même où il recevait le coup mortel.

Au résumé, indépendance, science, expérience : qui ne voit que ces qualités marchent parfaitement d'accord avec l'inamovibilité et la perpétuité des fonctions. Dans la vie, personne ne l'ignore, l'homme se tourne naturellement vers les professions qui lui procurent honneur ou richesse ; or, où le trouver celui qui, de gaieté de cœur, se livrera à l'étude de connaissances spéciales, si le lendemain n'est pas assuré ? Comment, sans le secours du temps, le magistrat pourra-t-il acquérir l'expérience, l'habitude, la sagacité nécessaires pour bien remplir ses fonctions ? Quelle indépendance peut-on demander au fonctionnaire qui, après avoir atteint le but auquel l'ont conduit son éducation, ses études, ses désirs, se verra pour un oui, pour un non, exposé à la malveillance de ses supérieurs et aux dangers d'une révocation. Il y a plus : l'homme de talent, réunissant en lui-même la majeure partie des qualités qui font le bon magistrat, ira-t-il bien volontiers accepter une charge, où il peut, un jour ou l'autre, se trouver dans l'alternative de perdre sa position ou de transgresser les lois de sa conscience ? Eh ! mon Dieu, sans aller si loin, aux époques critiques, quelles difficultés, presque insurmontables, les gouvernements n'éprouvent-ils pas à trouver des fonctionnaires sérieux et capables, précisément parce que l'avenir est incertain et que la situation n'offre aucune chance de stabilité !

III. Ici se présente une objection déjà bien ancienne, mais qu'il est indispensable d'examiner parce qu'elle émane d'écrivains d'une grande autorité.

« Une bonne magistrature doit s'appuyer sur l'inamovibilité et la perpétuité des fonctions, cela est très-vrai ; mais, répond-on avec assurance, ce principe est incompatible avec le gouvernement républicain. Tout d'abord l'inamovibilité n'a pas de raison d'être ; car, sous ce régime, c'est la loi seule qui confère les pouvoirs, et il n'y a point d'autorité qui puisse détruire son ouvrage ; d'un autre côté, si les fonctionnaires étaient nommés à vie, l'habitude du pouvoir éveillerait leur ambition et la liberté serait en danger. Au contraire, dans les monarchies tempérées où le roi occupe une position incomparablement plus élevée que celle de ses sujets, la stabilité du gouvernement n'est pas menacée par la perpétuité des fonctions, et de plus il est indispensable que les officiers de judicature jouissent de la prérogative de l'inamovibilité, car s'il en était autrement, la crainte des destitutions arbitraires planerait sur les tribunaux, le prince pourrait s'immiscer dans l'exercice de l'autorité judiciaire, et par là même disposer des jugements. Conséquence : en république, juges temporaires ; en monarchie tempérée, juges inamovibles et à vie. »

Mais il est facile de prouver que les assertions mises en avant manquent de solidité, que les différences signalées entre la république et la monarchie n'existent en aucune manière, et que les déductions qu'on voudrait en tirer tombent d'elles-mêmes ; que, par conséquent, pour l'une comme pour l'autre, il faut de toute nécessité s'attacher à une règle uniforme, invariable, et appliquer le même système.

Première assertion : dans les républiques, c'est la loi qui confère elle-même les pouvoirs. Eh mais ! est-ce qu'il en est autrement dans les monarchies constitutionnelles? Là, le prince nomme le juge tout comme le pourrait faire un président de république, sans avoir aucune espèce d'action sur un pouvoir dont la loi règle tous les éléments. Deuxième assertion : dans les républiques point de destitution arbitraire. Est-ce que par hasard dans une république, comme dans une monarchie, le chef du gouvernement, qu'il s'appelle président, qu'il s'appelle roi, n'est pas un homme ; qu'à ce titre il peut faillir et retirer arbitrairement le pouvoir qu'il a conféré, lorsqu'aucun texte ne s'y oppose. Enfin, troisième assertion : les magistratures perpétuelles menacent la sécurité de l'État. Cette assertion pouvait avoir un certain poids sous l'ancienne monarchie française, où les juges des cours souveraines, autrement dit les parlements, participaient au pouvoir politique, par le droit de remontrance qu'ils possédaient et qu'on leur vit souvent exercer sur les actes législatifs. Mais qu'y a-t-il à craindre du pouvoir judiciaire tel qu'il existe aujourd'hui, tel qu'il a été institué par l'Assemblée constituante, de ce pouvoir privé de toutes attributions législatives et administratives, de ce pouvoir dépourvu d'initiative et incapable d'un seul mouvement spontané. En vain voudrait-on invoquer la haute autorité d'Aristote qui tenait pour les fonctions temporaires (1). A ce philosophe, il serait facile d'opposer l'opinion non moins respectable de Platon, qui a traité également *de la république*, et qui, lui, au con-

(1) *Politique d'Aristote*, traduction Barthélemy-Saint-Hilaire, livre VII, chapitre Ier, § 9.

traire, tenait pour la perpétuité. Du reste, il est vraisemblable qu'aujourd'hui, Aristote lui-même se rangerait à l'avis de son illustre maître, car déjà depuis longtemps l'officier public a perdu le privilége de cumuler sur sa tête les attributions administratives, militaires ou financières, ainsi que cela avait lieu journellement dans l'antiquité et au moyen âge.

Si la doctrine que nous venons de combattre n'a pas pour elle la raison, force est bien de reconnaître qu'elle n'est guère plus heureuse sur le terrain de la pratique. Dans les premiers temps de la grande république des États-Unis, les juges étaient nommés par les gouverneurs sur l'avis de leurs conseils, ou par les législatures, et étaient inamovibles. Eh bien ! à cette époque, tous les témoignages sont unanimes sur l'élévation du caractère et la science profonde des juges américains. Qu'il suffise de citer les noms de Marshall et de Story, ce dernier auteur d'écrits qui pourraient figurer à côté de ceux des plus illustres jurisconsultes. Quant à Marshall, nommé, en 1801, chief justice, c'est-à-dire président de la cour fédérale, il occupa ces fonctions jusqu'en 1835, époque de sa mort, laissant une mémoire regrettée, un nom vénéré entre tous, et pour tout dire, après avoir été l'ami particulier de Washington, qui l'honora toujours de la plus haute confiance. Cependant, dans la suite des temps, on voit la plupart des États particuliers composant l'Union abandonner ce système si avantageusement éprouvé, pour adopter celui de la magistrature élective et temporaire ; et à l'instant même les hommes les plus éclairés sont unanimes à constater les déplorables effets produits par une mesure aussi téméraire que peu opportune.

IV. Par tout ce que l'on vient de dire, il est facile de voir que consacrer l'inamovibilité et la perpétuité des fonctions judiciaires, c'est s'assurer le moyen d'avoir une bonne magistrature rendant des jugements sûrs et éclairés. Aussi, à l'heure présente, ces principes ne sont-ils pas contestés d'une manière bien énergique et ne cherche-t-on pas positivement à les attaquer de front ; mais des hommes politiques, frappés de certaines hostilités qui paraissent se manifester parmi les membres des Cours et Tribunaux, et pourraient causer des embarras au gouvernement, tout en se déclarant partisans du principe de l'inamovibilité, voudraient ressusciter le système pratiqué sous le premier Empire et au commencement de la Restauration, à savoir, donner l'investiture aux seuls magistrats favorables aux idées du jour. C'est ainsi que dernièrement, M. Gambetta, dans son discours-programme de Romans, parlant de la magistrature, se proclame formellement partisan de l'inamovibilité de ses membres; puis, continue en ces termes : « Il n'est pas admissible qu'un corps « tout entier, légué par un gouvernement échoué dans la « boue et frappé de déchéance politique et morale, subsiste, « en se passant de l'investiture d'un gouvernement nouveau. « Ce serait aller contre la force des choses. C'est pour sau- « ver la magistrature, pour sauver le principe de l'inamo- « vibilité compromis par des excès de zèle que je « demande qu'on fasse une chose juste, morale, et que le « gouvernement s'assure les garanties légales qu'ont prises « les gouvernements qui l'ont précédé. »

Il paraît assez difficile de concilier la première partie de ce discours, contenant une affirmation très-nette de l'inamovibilité, avec la seconde sur l'investiture d'un gouvernement nouveau. Toujours y aura-t-il que si le magistrat réinvesti ne subit aucune suspension d'inamovibilité, il en sera autrement du magistrat qui ne sera pas réinvesti ; celui-là sera bel et bien révoqué, mesure incompatible avec l'inamovibilité, car, pour emprunter encore des expressions du discours déjà cité de Royer-Collard devant la Chambre des députés de la Restauration : « C'est un principe absolu, qu'on ne modifie point sans le détruire, et qui périt tout entier dans la moindre restriction. » Il eut été beaucoup plus simple de déclarer tout de suite que la situation actuelle demandait impérieusement l'abolition d'une chose que l'on désire voir disparaître.

Sans doute, l'inamovibilité du juge peut, dans certaines circonstances, présenter de fâcheuses conséquences, et tout naturellement ces conséquences se dérouleront d'autant mieux dans un pays où les révolutions, les changements de régime se succèdent, où les doctrines et les systèmes les plus divers se sont fait jour, entraînant fatalement le trouble dans les esprits et l'incertitude dans les convictions. Mais la question n'est pas là : il s'agit de choisir entre l'inamovibilité et l'amovibilité, et de savoir si la seconde n'entraîne pas des conséquences pires que la première, car telle est la nature de la faiblesse humaine qu'il ne peut rien se trouver de parfait sur cette terre, et qu'entre deux maux il faut choisir le moindre. Eh bien, certes, ce choix n'est pas difficile, et, sous prétexte de nécessités sociales, on ne doit pas s'exposer à voir ressusciter ces sortes de commissions judiciaires, que l'on a flétries sous tous les régimes et dont le bon sens populaire a su faire justice.

Il n'est guère possible non plus de tenir compte de l'argument tiré des exemples donnés par les gouvernements précédents. Il est par trop aisé de répondre qu'on doit s'inspirer du bien, non du mal, et que si les gouvernements du premier Empire et de la Restauration, en portant la main sur la magistrature, ont encouru les malédictions de leurs contemporains et de la postérité, ce n'est pas une raison pour exposer celui de la République aux mêmes reproches. M. Thiers l'a dit : « Le parti qui triomphera, ce sera le plus sage. » Il serait aussi vrai de dire : « Le gouvernement qui gardera le plus longtemps le pouvoir sera celui qui évitera le mieux les fautes de ses prédécesseurs. » Peut-être à la rigueur, au lendemain des désastres de 1871, eût-on pu plaider les circonstances atténuantes en faveur d'une nouvelle investiture, mais la République est établie depuis huit ans ; depuis huit ans aussi le calme le plus profond règne en France, les esprits s'acclimatent, quoi qu'en disent les prophètes de malheur, au régime d'un gouvernement modéré et réparateur ; ne serait-il pas regrettable, pour vouloir frapper quelques personnalités froissées dans leurs intérêts ou rebelles à l'esprit du progrès, de rouvrir la porte à l'arbitraire et de s'inspirer de mesures prises dans des circonstances exceptionnelles ou au lendemain de changements de régime.

Si encore il n'y avait aucun moyen de vaincre les résistances de fonctionnaires hostiles et oublieux de leurs devoirs; mais le pouvoir détient en ses mains tous les moyens de répression : pour les membres du parquet, la révocation pure et simple, puisque ces magistrats ne jouissent pas de l'inamovibilité ; pour la magistrature assise, la privation de tout avancement. L'important, c'est que le gouvernement se montre éclairé et résolu dans ses choix, qu'il repousse toute présentation de candidats manifestement hostiles à la République dont il est chargé de régir les destinées. Surtout, pas de faiblesse. Voltaire a dit quelque part : « Le grand défaut « de presque tous ceux qui gouvernent est de n'avoir que « des demi-volontés et des demi-moyens. Si Pierre le Grand

« n'avait pas voulu fortement, deux mille lieues de pays « seraient encore barbares (1). »

La conclusion sera donc que le mal dont on se plaint rentre avant tout dans les attributions du pouvoir exécutif, et que lui seul a qualité pour y porter remède. Il aura beau édicter décrets sur décrets, l'autorité législative rendre lois sur lois, l'administration de la justice laissera toujours à désirer si les avancements, les nominations, les révocations ne se font pas d'après les règles d'une politique loyale et ferme.

Un dernier mot encore. Des personnes veulent bien reconnaître que l'investiture est en contradiction manifeste avec l'inamovibilité, mais elles ne verraient pas d'un trop mauvais œil les Chambres déclarer qu'à l'avenir elle ne s'appliquera plus au siége, mais à la fonction seulement, laissant ainsi la faculté au gouvernement de déplacer le magistrat qui, par exemple, se serait rendu impossible dans son ressort. C'est encore là, à notre humble avis, une innovation, quoique assez bénigne en apparence, qui ne laisse pas que de porter une atteinte fort grave au principe de l'inamovibilité. En y regardant de près, on ne tarde pas à s'apercevoir qu'un gouvernement mal intentionné, peu scrupuleux sur les moyens, aurait vraiment beau jeu pour condamner infailliblement à la démission le caractère le plus ferme et le juge le plus résolu à conserver ses fonctions, car il n'aurait besoin, en cette circonstance, que de la magie de quelques décrets pour promener sa malheureuse victime du midi au nord, de l'est à l'ouest, et la forcer ainsi de capituler devant des frais exorbitants et dérisoires. Qu'on se rende donc bien compte de la situation, abandonner les déplacements au bon

(1) Voltaire, *Dictionnaire philosophique*, au mot *Vénalité*.

plaisir du gouvernement, c'est à quelque chose près réduire à néant cette indépendance que l'inamovibilité est destinée à garantir.

Les principales raisons qui militent en faveur de l'inamovibilité et de la perpétuité des fonctions dans l'ordre judiciaire ont été rappelées d'une manière saisissante par le vicomte de Bonald, député sous la Restauration et rapporteur de la loi sur la magistrature. Le passage que nous emprunterons à son rapport, aura l'avantage tout à la fois de présenter un tableau d'ensemble et de résumer en quelques mots les idées que nous venons d'exposer. « Votre commis-
« sion, dit le vicomte de Bonald (1), a vu, dans la certitude
« de conserver un état honorable, le prix du temps employé
« à des études longues et austères, et la récompense d'une
« jeunesse sage et utilement occupée; elle a vu, dans l'exer-
« cice non interrompu des fonctions judiciaires, le moyen,
« pour un juge, d'acquérir ce coup d'œil, cette sagacité, en
« un mot, cette habitude de juger qui ne s'apprend pas dans
« les livres et qui démêle le vrai nœud d'une difficulté, le
« point décisif d'une contestation à travers toutes les subti-
« lités de la chicane et toutes les ruses de la mauvaise foi;
« elle a vu, enfin, dans la perspective assurée que la loi
« donne au juge de mourir dans sa place, le dédommage-
« ment d'avoir vécu tristement occupé à dérouler le long
« tableau des misères, des faiblesses, des crimes de l'huma-
« nité, pour acquérir la désolante certitude qu'il est plus
« aisé de terminer les différends que d'étouffer les haines et
« de punir les hommes que de les changer. »

V. Est-ce à dire maintenant qu'après avoir proclamé

(1) *Moniteur officiel*, séance du 15 novembre 1815.

l'inamovibilité et l'avoir reconnue nécessaire, il faille s'arrêter en chemin et déclarer qu'à elle seule elle suffit pour assurer le recrutement d'une bonne magistrature? Non, assurément, car plus la position des juges sera assurée, plus aussi le gouvernement sera tenu d'apporter de vigilance dans leur nomination, plus il devra l'entourer des précautions nécessaires pour assurer à la société les garanties d'une justice administrée avec zèle, savoir et impartialité, et la protéger contre la triste éventualité de fonctionnaires négligents ou incapables, d'autant plus dangereux qu'ils se trouvent garantis, d'une manière à peu près absolue, contre les chances d'une destitution. Reste donc, pour terminer ce chapitre, à examiner la question très-importante du mode de nomination à adopter pour les fonctions judiciaires. Bref, faut-il, ainsi que beaucoup de personnes le demandent, ressusciter le système décrété en 1790, et s'en rapporter au corps électoral pour la composition de nos tribunaux, ou bien, au contraire, laisser au pouvoir exécutif le soin de nommer leurs membres comme cela se fait encore aujourd'hui en France, et du reste comme cela n'a jamais cessé d'exister depuis la Constitution du 22 frimaire an VIII.

Stuart-Mill, l'un des penseurs les plus profonds de l'époque (1), n'hésite pas d'affirmer que, de tous les fonctionnaires d'un gouvernement, les juges sont ceux qu'il serait le plus fâcheux de voir nommer par le suffrage populaire, et l'un des principaux motifs sur lesquels il appuie son opinion, c'est qu'en même temps que leurs qualités spéciales et professionnelles ne sont pas appréciables pour le peuple, il n'y a pas de fonctionnaires chez qui une impartialité absolue, et l'ab-

(1) *Le Gouvernement représentatif*, par Stuart Mill, traduction de Dupont-White, chapitre XIV.

sence complète de liaisons avec des hommes politiques ou des sections de parti, soit d'une aussi grande importance.

Certes, s'il existe un cas où l'on doive se défier du suffrage universel, n'est-ce pas quand il s'agit de choisir des fonctionnaires de l'ordre judiciaire? Qu'on ait recours à l'élection chaque fois qu'il s'agit de prendre des mesures collectives dont les individus ne doivent ressentir le contre-coup que comme membres du corps politique, cela se conçoit. Mais un corps électoral, qu'on le compose comme on voudra, aura-t-il bien les aptitudes à choisir et à discerner convenablement ceux qui doivent décider de la liberté et des biens des citoyens? Le romancier américain, F. Cooper, dans un roman intitulé : *Mœurs du jour*, met parfaitement cette situation en lumière. Les deux personnages en scène sont un médecin et un avocat. Voici les paroles qu'il prête aux deux interlocuteurs (1).

Le médecin. — « La masse ne gagnera-t-elle pas à exercer « le pouvoir autant qu'elle le peut?

L'avocat. — « Non, et par la raison simple que dans la « nature des choses les masses ne peuvent exercer qu'une « puissance très-limitée. Vous-même, par exemple, un de « la masse, vous ne pouvez exercer le pouvoir de choisir « un juge comme il doit l'être, et, par conséquent, vous êtes « sujet à faire plus de mal que de bien.

Le médecin. — « Le diable si je ne le puis! Mon vote « n'est-il pas aussi bon que le vôtre, ou que celui de qui « que ce soit.

L'avocat. — « Par la raison bien simple que vous êtes « complétement ignorant du sujet. Posez-vous vous-même

(1) *Œuvres de F. Cooper*, traduction Defauconpret ; *Mœurs du jour*, chapitre v.

« la question, et répondez-y en honnête homme : voudriez-« vous, pourriez-vous, avec les connaissances que vous avez, « mettre le doigt sur un homme de ce pays, et dire : je « vous fais juge ?

Le médecin. — « Oui, je mettrais le doigt sur vous à la « minute.

L'avocat. — « Ah ! Ned, cela ira pour un ami ; mais ce « choix serait-il judicieux s'il tombait sur un juge que « vous ne connaissez pas ? Ignorant de la loi, vous devez « nécessairement ignorer les qualités requises pour en être « l'interprète. Ce qui est vrai de vous, l'est également de « l'immense majorité de ceux qui sont aujourd'hui les élec-« teurs de nos juges. »

Avec la magistrature élective, le candidat fera naturellement tout son possible pour gagner les suffrages de ses concitoyens ; dès lors, à l'exemple de celui qui veut se faire nommer député, il devra se livrer à une foule de manœuvres plus ou moins compromettantes, flatter l'un, promettre à l'autre, en un mot se livrer au tripotage électoral dans toute la force du terme. Avec de semblables conditions, est-il bien sûr que le juge monté sur son siége tienne la balance parfaitement égale entre tous ses électeurs, et le justiciable obscur trouvera-t-il devant le tribunal les mêmes garanties que le personnage influent ? La condition du plaideur étranger sera-t-elle la même que celle du plaideur domicilié ? Et en supposant que cela soit, les parties et le public seront-ils toujours convaincus de l'impartialité du tribunal ? Aujourd'hui l'on dit : un tel est riche ; ce n'est pas étonnant qu'il ait gagné son procès. Demain on dirait du plaideur victorieux : le juge lui paye le prix de son élection.

Et ceux qui veulent créer une pareille situation sont ceux-là même qui accusent la magistrature de passions mauvaises et la taxent d'injustice. Mais au moins soyez logiques : si comme vous le répétez tous les jours, la morale des juges baisse, raison de plus pour ne pas exposer ceux que vous accusez aux pratiques souvent démoralisatrices du vote populaire. Voyez-vous le candidat allant de village en village, de comité en comité, solliciter les suffrages. On l'interroge, on l'interpelle, on lui trace un programme comme ces électeurs de l'État américain du Maine, dont parle M. Laboulaye (1). La loi de cet État défend l'usage de tout spiritueux, mesure souverainement désagréable à certaines parties de la population, notamment aux citoyens d'origine allemande. Eh bien, des électeurs ont dit aux candidats aux places de juges : « Oui, nous vous nommerons, mais à la condition « que vous n'appliquerez pas la loi. » Voilà où conduit le système électoral appliqué à la magistrature.

En présence de pareils faits il n'est pas permis d'hésiter un seul instant, et l'on est bien obligé de reconnaître qu'il est de beaucoup préférable que la chance d'une nomination dépende d'un ministre intelligent qu'une responsabilité légale ou morale peut saisir, plutôt que d'un électeur souvent inintelligent et ignorant, dont le vote est secret et par conséquent reste absolument dépourvu de contrôle.

A ces raisons déterminantes de repousser le système de l'élection, viennent s'en joindre d'autres qui, quoique moins décisives, présentent cependant encore une certaine importance.

Ne craindra-t-on point par exemple de fatiguer les électeurs par des convocations trop répétées? Car enfin force sera de pourvoir aux vacances qui se présenteront, et com-

---

(1) *Histoire des États-Unis,* par Édouard Laboulaye, tome III, XVIIIe leçon.

ment les contraindre à venir remplir les devoirs qui leur incomberont. Et qu'on ne se figure pas qu'il s'agisse ici d'une objection purement spéculative. En l'an IV, ne pouvant obtenir des électeurs, de pourvoir à de nombreuses vacances dans les tribunaux, le pouvoir législatif se vit dans l'obligation, par une loi spéciale, de charger le directoire de nommer directement les magistrats, dans les départements où les élections n'avaient pu avoir lieu.

Ensuite dans le système électif, de deux choses l'une : la magistrature sera temporaire, ou elle sera à vie. Mais comment serait-elle à vie, puisque, d'après les idées qui ont cours, la souveraineté du peuple ne saurait être aliénée, et que reconnaître des fonctions perpétuelles ce serait aliéner ce qui est inaliénable ? D'où la conséquence que tout juge élu est nécessairement temporaire. Mais avec des magistrats nommés pour un temps assez court, six ans par exemple, ainsi que cela se pratiquait sous la première Révolution, ne voit-on pas de suite ce qui pourrait arriver : les tribunaux perdraient le fil des traditions, la jurisprudence son uniformité, la fixité disparaîtrait partout, et l'unité de la législation elle-même se verrait menacée.

Voilà le magistrat inamovible ; le voilà investi de fonctions à vie, et nommé par le pouvoir exécutif : ne semblerait-il pas au premier abord que l'ensemble de ces conditions dût largement suffire à assurer aux justiciables un choix convenable des fonctionnaires chargés de terminer leurs différends et de protéger leurs propriétés et leurs personnes ? De bons esprits se sont permis encore d'émettre des doutes à cet égard, et ont demandé que l'on inscrivît dans la loi des garanties sérieuses pour l'admission et l'avancement dans les fonctions judiciaires. « Sans ces garanties-là, disait le député Chauffour, à l'Assemblée con-

« stituante de 1849, le principe de l'inamovibilité n'est pas « une garantie d'indépendance, une garantie suffisante « d'indépendance ; car, s'il est très-vrai de dire qu'il est « bon qu'un magistrat ne soit pas menacé dans son exis- « tence, pour n'être pas exposé à commettre des actes de « servilité vis-à-vis du pouvoir, il est très-certain aussi « que son indépendance au regard du pouvoir ne sera ga- « rantie que s'il lui est impossible d'avancer et de faire « avancer les siens en dehors de conditions prescrites par « des lois rigoureuses (1). »

Il y a du vrai dans cette objection, et un décret rendu à la date du 29 mai 1876 sous les inspirations de M. Dufaure y répond en partie, puisqu'il organise un concours pour les places d'attachés au parquet, donnant ainsi la certitude que, dans l'avenir, les sujets appelés à occuper les fonctions de magistrats seront des jeunes gens instruits, qui auront conquis leur position au prix de leur travail et de leur savoir.

Mais est-ce assez et n'y avait-il pas lieu d'organiser le concours à l'entrée même de la magistrature, pour l'admission aux places de substituts, c'est-à-dire d'adopter les règles qui sont suivies pour le recrutement du Conseil d'État et de la Cour des Comptes ? On n'a pas cru devoir le faire. Peut-être, après tout, a-t-on pensé qu'un concours, si brillant qu'il soit, pouvait à la rigueur donner au pays des magistrats éclairés, mais était complétement impropre à constater l'honorabilité et la rectitude d'esprit, qualités indispensables du magistrat. Avant tout il fallait, dès l'entrée de la carrière, écarter ces médiocrités peu disposées au travail et à l'effort, qui savaient se faufiler à la faveur de l'intrigue, et

(1) *Moniteur universel*, séance du mercredi 8 août 1849.

avec l'appui de quelques recommandations influentes. Ce but, le décret de 1876 l'a atteint en partie, et pour aller plus loin, il est peut-être prudent d'attendre qu'il ait produit toutes ses conséquences, laissant à l'avenir le soin de le modifier et de le compléter, car s'il est vrai que la société vit de progrès, il faut reconnaître aussi que, de toutes les améliorations, les meilleures sont celles qui procèdent par degrés et lentement, préparant ainsi les intelligences à recevoir sans trouble et sans effort les lumières que la succession des temps a pour mission de leur apporter.

CHAPITRE III

L'INAMOVIBILITÉ A L'ÉTRANGER

Organisation judiciaire : en Angleterre ; — aux Etats-Unis ; — en Allemagne. — L'inamovibilité existe chez la plupart des nations européennes.

Il fut un temps où chaque nation se retranchait dans l'égoïsme le plus étroit et où, ignorante de ce qui se passait à l'étranger, elle daignait à peine jeter un regard de dédain sur les progrès des voisines ses sœurs. Le christianisme, en propageant dans le monde les idées de fraternité générale entre les diverses races du globe, devait, il est vrai, contribuer à améliorer un pareil état de choses ; mais telle est la puissance de la routine, telle est la force des préjugés, qu'il a fallu des siècles avant que l'humanité, guidée par l'esprit d'une morale sublime et éclairée par les merveilles de la science, pût arriver à comprendre que le bien de l'un constitue le bien de l'autre, et que le particularisme sera toujours, quoiqu'on en dise, l'ennemi le plus acharné du progrès comme du bien-être général. A la fin du dix-huitième siècle surtout revient l'honneur d'avoir exposé ces idées, et au dixneuvième celui de tenter de les appliquer. Il est donc indispensable aujourd'hui, pour quiconque veut étudier une question d'une manière un peu complète, d'examiner la solution qu'elle a reçue avec les développements qu'elle comporte chez les différents peuples, et surtout chez ceux qui, par leur puissance, leurs travaux et leurs lumières, marchent à l'avant-garde de la civilisation. C'est pour se conformer à cette nécessité, que nous examinerons l'inamovibilité chez trois des principales nationalités du monde : l'Angleterre, les Etats-Unis de l'Amérique du Nord et l'empire d'Allemagne, mêlant à cette étude les quelques notions d'organisation judiciaire absolument indispensables à la facile compréhension des détails dans lesquels nous nous proposons d'entrer.

I. Angleterre. — Le système judiciaire paraît assez compliqué au premier abord ; cependant, si l'on veut se borner à l'esquisser à grands traits, il sera possible de donner en quelques mots une idée approximative de son mécanisme.

D'abord, au bas de l'échelle, les Cours de comté (County Courts). Elles connaissent principalement des affaires civiles pour dettes et dommages inférieurs à douze cent cinquante francs, et sont tenues par un seul juge. A cet effet le pays est divisé en un certain nombre de circuits subdivisés eux-mêmes en districts, dans chacun desquels existe une Cour de comté. A la tête du circuit est placé un juge unique qui, à certaines époques déterminées, doit se transporter au chef-lieu de chaque district pour y tenir la Cour de comté. On voit que l'Angleterre admet le principe de la justice ambulante formellement repoussée par l'Assemblée nationale de 1790.

Au-dessus des Cours de comté, trois Cours supérieures siégeant à Londres : la Cour du banc de la Reine (Queen's bench), la Cour des plaids communs (common pleas), et celle de l'Échiquier (Exchequer), jouissant autrefois d'attributions fort distinctes ; mais, à l'heure qu'il est, remplissant à peu près les mêmes fonctions. Elles se composent d'un très-petit nombre de juges y compris trois présidents, un pour chacune d'elles. Leur principale mission est la tenue des assises dans les grandes circonscriptions de tournées judiciaires qui partagent le royaume d'Angleterre. Ils se répartissent entre eux ces circonscriptions et s'y rendent, pour éviter aux justiciables des frais de déplacement. Ici encore juge unique et ambulant : on n'a pas cru que le déplacement pût porter atteinte à la dignité du magistrat. Ces grands juges ne se bornent pas à présider les assises criminelles : ils tiennent en même temps, avec l'assistance de jurés locaux, des audiences spéciales, pour trancher, au civil, les difficultés soumises à leur appréciation. En outre, dans l'intervalle des tournées ou circuits judiciaires, les trois grandes Cours siégent dans la cité au palais de Westminster et décident, dans des audiences de plusieurs juges, mais sans l'assistance du jury, soit de l'appel des jugements rendus par les Cours de comté, soit des affaires rentrant exclusivement dans leur juridiction.

Enfin comme la justice anglaise est de droit strict, et que le juge ne peut pas comme chez nous suppléer aux lacunes ou à la trop grande rigueur des lois, ou même aux impossibilités qu'offre leur application, on a établi à côté des trois cours de Westminster, tribunaux supérieurs de droit commun, une juridiction spéciale dite d'*équité* confiée à la Cour de la Chancellerie, dont les fonctions aussi multiples qu'étendues sont remplies par le chancelier (lord high chancelor) en même temps président de la Chambre des pairs, assisté d'un vice-chancelier et de maîtres des rôles.

Les appels contre les décisions rendues en matière civile par ces hautes juridictions sont portés devant la Cour suprême de justice créée en 1873, dans la formation de laquelle entre la majeure partie des juges composant les hautes cours.

Elle est divisée en deux sections permanentes, dont l'une sous le nom de Haute Cour exerce la juridiction de première instance et connaît des appels de juridiction inférieure, et l'autre, sous le nom de Cour d'appel, exerce la juridiction d'appel à l'égard des jugements ou ordres émanés de la Haute Cour.

Ainsi : Cours de comté analogues à nos tribunaux de première instance; les trois grandes Cours de Westminster et la Cour de la Chancellerie présentant quelque ressemblance avec nos Cours d'appel, et la Cour suprême de justice : tels sont en somme les principaux degrés de juridiction de l'Angleterre proprement dite, à l'exclusion notamment de ceux de l'Ecosse qui présentent quelques légères différences.

Eh bien, tous les magistrats composant ces tribunaux, sont, à quelques exceptions près, nommés à vie par le gouvernement, et ne peuvent être révoqués qu'en vertu d'un jugement précédé d'enquête.

Les Anglais ne se sont pas contentés de cela : ils ont encore voulu, si l'on peut s'exprimer ainsi, renforcer l'indépendance judiciaire, persuadés que le principe de l'inamovibilité peut bien garantir contre les influences gouvernementales, mais ne met pas à l'abri de l'esprit de parti et des passions politiques : ils ont donc décidé que les juges ne pourraient jamais faire partie des grands corps électifs : leur permettre de solliciter les voix, d'assister aux réunions populaires, de se mêler aux débats du Parlement, c'eût été les exposer à des influences malsaines, et faire dans bien des cas soupçonner leur impartialité.

Ce n'est pas tout : le magistrat ne doit pas être tenté par la perspective de l'avancement; une pareille préoccupation pourrait le détourner de ses devoirs et le transformer en solliciteur. La pratique anglaise a prévu l'objection : en fait il est très-rare de voir un juge ordinaire (puisne judge) élevé à la place de président. En compensation, comme cela a été observé au chapitre II, les magistrats jouissent de la plus haute considération, et touchent un traitement assez élevé pour pouvoir se contenter de leur position. Quelques chiffres donneront une idée des émoluments vraiment considérables qui leur sont alloués : le président du Banc de la Reine (lord chief justice of Queen's bench) reçoit deux cent mille francs, celui de la Cour des plaids communs (lord chief justice of common pleas) et celui de la Cour de l'Échiquier (lord chief baron of Exchequer), sont payés cent soixante-quinze mille francs. Quant aux juges ordinaires de ces cours, ils reçoivent chacun un traitement de cent vingt-cinq mille francs. Enfin le simple juge des Cours de comté touche pour sa part trente mille francs, c'est-à-dire autant que le premier Président de notre Cour de cassation, et près de moitié plus que les simples conseillers de cette même Cour, auxquels il n'est alloué qu'un traitement de dix-huit mille francs.

Il n'est donc pas étonnant que des fonctions aussi honorables et aussi largement rétribuées soient ambitionnées par les légistes éminents et les avocats distingués (barristers), qui pourront apporter dans la pratique si délicate de la vie judiciaire, le fruit de leur expérience et d'une science profonde, acquise dans le cours d'une carrière honorablement remplie. Aussi sont-ce généralement les plus éminents d'entre eux qui abandonnent le barreau pour monter sur le siége du magistrat : de là le respect profond professé à juste titre pour les juges anglais, car leur traitement les met au-dessus de toute espèce de désirs, leur inamovibilité les garantit contre la crainte, et leur petit nombre permet de les choisir parmi les hommes les plus capables et d'en constituer des corps d'élite, dans les meilleures conditions pour assurer aux justiciables des jugements impartiaux et éclairés.

II. États-Unis de l'Amérique du Nord. — L'organisation judiciaire ressemble, dans ses traits essentiels à celle de l'Angleterre, et cela doit être, puisque les États-Unis ont pour berceau ces treize colonies anglaises qui, vers la fin du siècle dernier, indignées de voir le roi et le Parlement s'arroger le privilége de les taxer, au mépris des droits les plus sacrés, cherchèrent dans la rébellion les moyens de résister à la tyrannie et à l'injustice. Tout le monde sait comment ces colonies, après bien des vicissitudes mêlées de succès et de revers, parvinrent, sous le commandement de Washington et avec l'aide de quelques citoyens admirables de patriotisme et d'énergie, à s'affranchir du joug de la métropole, et à former définitivement une fédération d'États, dont les principes se trouvent consignés dans la constitution adoptée en 1788, et mise à exécution le 4 mars de l'année suivante.

En vertu de cette constitution, le pays possède deux gouvernements en quelque sorte superposés : 1° le gouvernement central comprenant le Congrès (Chambre des sénateurs, Chambre des députés) et le président, qui représentent seuls la République vis-à-vis de l'étranger ; 2° le gouvernement spécial à chacun des États particuliers, dont la réunion constitue la République des États-Unis. De là aussi deux justices : l'une ayant pour mission de maintenir la constitution, de faire respecter les lois du Congrès, et de juger les cas qui ne rentrent pas dans la compétence des tribunaux que possèdent les États particuliers : c'est la justice fédérale. L'autre, spéciale à chaque État, et dont l'organisation varie, mais qui, dans ses caractères généraux, se rapproche plus ou moins d'un type commun : c'est la justice locale.

A la justice fédérale se rattachent les trois sortes de Cours fédérales : Cour suprême, Cours de circuit et Cours de district. En première ligne, et par rang d'importance, se présente la Cour suprême composée d'un président (chief justice) et de six juges ordinaires ou juges associés (associate justices). Elle siége, ainsi que le Congrès, au Capitole de Washington, le plus vaste et le plus splendide monument des États-Unis. C'est là, dans une salle semi-circulaire d'un aspect froid et sévère, qu'elle tient sa session annuelle. Ses membres, sans autre signe distinctif qu'une simple robe d'avocat, sont appelés à trancher les questions de la plus haute importance, comme par exemple statuer en dernier ressort sur les décisions rendues par les tribunaux fédéraux subalternes, et même reviser celles des tribunaux particuliers des États, en tant qu'elles portent atteinte à la constitution fédérale ou aux lois de l'Union. A la différence de ce qui existe en Angleterre, les Américains ont adopté le ministère public. Ses fonctions auprès de la Cour sont remplies par l'attorney général des États-Unis, en même temps ministre de la justice de la République.

En ce qui concerne le fonctionnement des Cours fédérales inférieures, le territoire est, à l'imitation de l'Angleterre, divisé en districts et en circuits. Chaque État forme au moins un district, quelquefois plus, avec sa Cour spéciale tenue au moins deux fois l'an par un seul juge. La réunion de plusieurs de ces districts forme le circuit, avec sa Cour dite de circuit, tenue également deux fois l'an, dans chacun des districts, par un juge de la Cour suprême, assisté du juge de district. Cette dernière Cour tient donc le rang intermédiaire entre la Cour suprême et les Cours de district ; et elle remplit, dans bien des cas, le rôle de Cour d'appel vis-à-vis des dernières.

Si maintenant l'on veut étudier l'organisation des Cours particulières des États, il faut tout de suite reconnaître qu'il y règne une assez grande diversité. Dans l'État de l'Ohio, par exemple, cette organisation présente l'analogie la plus frappante avec celle des Cours fédérales. Dans d'autres contrées, elle offre des différences plus ou moins profondes. Voici quelle est l'organisation judiciaire de la Californie, l'un des États les plus importants par l'étendue de son territoire, l'abondance de ses richesses naturelles et le nombre de ses habitants. Au sommet du système, une Cour suprême composée de cinq juges élus par le suffrage populaire pour une durée de dix années. Elle n'a pas de juridiction de première instance, mais prononce en appel et en droit sur les causes décidées en première instance par les vingt cours de district. Ensuite viennent les Cours de district proprement dites : leurs juges sont également nommés par le suffrage populaire pour une durée de six années seulement ; ils statuent en première instance. En général, écrit M. Hittell (1), auteur californien, ces magistrats sont instruits, capables, intègres, et sur tous ces points laissent bien loin derrière eux les autres officiers constituant le pouvoir exécutif.

Quand on parle de l'organisation judiciaire américaine, il faut donc distinguer entre la magistrature fédérale et celle particulière aux États divers faisant partie de l'Union.

Pour l'instant, les constitutions particulières admettent généralement de préférence les fonctions électives et à temps.

Les magistrats fédéraux, eux, sont nommés par le président de la République avec approbation du Sénat, et ils gardent leurs fonctions tant qu'ils se conduisent bien (during

(1) Hittell, *The ressources of California, chapter* XIII.

good behariour), pour employer l'expression anglaise; le Sénat a seul qualité pour les révoquer. Il en est autrement dans les États : nous avons déjà cité la Californie, et c'est à peine si quelques-uns d'entre eux conservent encore la nomination du juge à vie par le pouvoir exécutif.

Malgré cela, il faut reconnaître que ce système, pour être arrivé le dernier, n'a pas conquis la majorité des suffrages. Sans citer l'opinion de la presse américaine, trop passionnée peut-être pour fournir une autorité irrécusable, il est permis, tout au moins, de consulter les écrivains juridiques spéciaux. On peut les prendre au hasard : ils sont presque unanimes. Voici d'abord l'avis de M. Charles Nordhoff, auteur d'un ouvrage élémentaire intitulé *Politique à l'usage des jeunes Américains* (1) : « Jamais le juge ne doit être « soumis à l'élection; c'est au pouvoir exécutif qu'il appar- « tient de le nommer à vie et pour tout le temps qu'il ne « déméritera pas du pays. Voilà le seul moyen de sauvegar- « der la magistrature et la dignité des Cours de justice. « Dégrader le juge jusqu'à le forcer à en appeler au suffrage, « c'est aussi absurde que misérable, car la justice n'a rien « à démêler avec les partis et doit toujours rester en dehors « de leurs luttes. Une Cour n'a rien à voir dans la politique; « elle ne se préoccupe que des principes. » M. Walker, ancien professeur de législation au collége de Cincinnati (État de l'Ohio), n'est pas moins explicite. « Nous avons vu, écrit « cet auteur, qu'une jalousie républicaine salutaire a limité « à une courte durée les fonctions législatives et exécutives; « mais, en ce qui regarde les officiers judiciaires, des rai- « sons nombreuses commandent de se départir d'un pareil

(1) Nordhoff, *Politics for young Americans, chapter* XII.

« système (1) », et il énumère différentes raisons qu'il est inutile de rappeler ici, attendu qu'elles sont les mêmes que celles déjà développées au chapitre précédent.

Enfin, M. de Molinari, dans une ses lettres adressées, en 1876, au *Journal des Débats*, durant l'Exposition de Philadelphie, rend compte d'une visite qu'il fit aux Cours de justice de New-York (2). Il demande à son cicerone si le mode de recrutement des juges par le suffrage universel ne présente pas des inconvénients ; et ce dernier, tout en faisant l'éloge de la capacité et de l'honorabilité de ces fonctionnaires, ne peut s'empêcher d'avouer que les choix sont viciés par des influences politiques, surtout quand il s'agit de magistrats d'un rang inférieur.

Comment, dira-t-on, expliquer le maintien de cet état de choses, et pourquoi n'en pas revenir au système primitif des nominations directes par le gouvernement? C'est que d'abord la réforme des abus présente en elle-même de grandes difficultés, ensuite que l'élection des juges profite à certains électeurs, qui, naturellement, trouveront dans leur ancien candidat un magistrat tout disposé à fermer les yeux sur leurs méfaits. N'avons-nous pas déjà cité ce fait d'électeurs, imposant aux juges le mandat impératif de ne pas appliquer les lois sur l'ivrognerie! Rien d'étonnant, donc, à ce que, en 1873, dans l'état de New-York, la législature, pour couper court à ces abus, ait adopté, durant deux sessions consécutives, un amendement constitutionnel rendant au pouvoir exécutif la nomination des juges, et que ce même amendement soumis au vote populaire ait été rejeté à une forte majorité. Au surplus, tant que les avocats du Nouveau-

(1) Introduction *To American law, by Thimothy Walker, lecture* VIII.

(1) *De Molinari*, lettres sur les États-Unis et le Canada, chapitre XX.

Monde, n'offriront pas au public la garantie des grades universitaires, et ne s'organiseront pas en corporations à l'exemple de ceux des nations plus anciennes ; tant, d'un autre côté, que les magistrats électifs seront recrutés dans la classe des politiciens, la justice ne pourra pas s'améliorer, et les Américains ne pourront guère former l'espoir de voir leurs lois impartialement appliquées, et les accusations de vénalité disparaître.

III. Empire d'Allemagne. — Le 8 décembre 1870, l'empire allemand était proclamé, et à dater de ce jour aussi, l'unité de l'Allemagne était devenue un fait. Restait à consolider cette unité, en donnant la cohésion nécessaire aux éléments si divers qui la composent; restait à enchaîner l'Allemagne par de nouvelles institutions, et à faire table rase de ces vieilles mœurs et de ces antiques usages qui constituent la force, par excellence, des nationalités; restait, en un mot, à faire passer, sous un même niveau de lois, sérieusement étudiées, les divers états du nouvel empire. Après tout, quoi de plus logique : les Allemands sont de même race, parlent la même langue ; qu'ils obéissent donc aux mêmes lois, qu'ils supportent les mêmes charges et qu'ils subissent la même discipline ! Tel est le but que, depuis nos malheurs, a poursuivi le prince de Bismarck avec la persévérance et l'énergie qui caractérisent toutes ses entreprises. Déjà l'armée entière obéit au même chef et admet les mêmes règlements, une direction des chemins de fer est créée et centralise la surveillance ; enfin, l'identité de l'Allemand, membre de la grande patrie, est assurée par la constatation sous les mêmes formes, de la naissance, du mariage, du décès, ces trois principaux actes de la vie civile. Poussé par le même courant d'idées, le 29 novembre 1874, l'empereur d'Allemagne, à la séance d'ouverture du Reichstag, invite le Parlement à établir l'unité d'organisation judiciaire et de procédure, et en conséquence de cette invitation, après des études préparatoires assez longues, le 27 janvier 1877, à deux ans et demi de date environ, est définitivement rendue la loi sur l'organisation judiciaire de l'empire d'Allemagne.

Cette loi, disons-le tout de suite, constitue un véritable bienfait; au morcellement judiciaire de l'Allemagne, à la diversité des principes et des institutions, à la bizarrerie d'un système défiant toute description, et tel que des cerveaux allemands seuls ont pu l'enfanter, elle substitue un système relativement simple. La justice est civile ou criminelle: civile, elle est rendue en première instance par les tribunaux de bailliage (amtsgerichte) composés d'un seul juge, ceux de district (landgerichte) et de commerce (handelsgerichte), ces deux dernières catégories de tribunaux jouissant d'une organisation collégiale; en dernière instance par les tribunaux supérieurs (oberlandesgerichte). Quant à la justice criminelle, elle est réservée aux tribunaux d'échevins, aux chambres criminelles des tribunaux de districts et aux tribunaux de jurés. Ainsi, plus de justices ecclésiastiques, plus de justices patrimoniales, plus de tribunaux universitaires, dont la compétence civile et criminelle s'étendait parfois comme à Gottingen et à Rostock, en dehors des étudiants, sur les professeurs, leurs femmes et leurs enfants.

En tête de cette nouvelle organisation judiciaire, est établi le tribunal fédéral (Reichsgericht) destiné à dominer la vie juridique de toute la force de l'autorité qui lui est départie. Dispenser souverainement la justice, sauvegarder l'intégrité de la constitution, et, par là même, l'unité nationale: telle est sa principale mission.

Pour faire partie de ce haut tribunal, il faut, en outre, des conditions de capacité assez sévères, avoir l'âge de trente-cinq ans révolus. Tous les membres sont nommés à vie et inamovibles ; il ne faut pas moins qu'une condamnation pour faits déshonorants, une incarcération de plus d'une année, pour perdre le bénéfice de l'inamovibilité. Dans ce cas, le coupable peut être déposé sur les conclusions du procureur général, et après explications entendues par le tribunal assemblé en séance plénière. Pas de limite d'âge non plus venant arrêter le magistrat dans sa carrière ; si des infirmités physiques ou intellectuelles surviennent et le rendent incapable de continuer son service, il doit savoir se retirer à temps ; sinon, le président prend sur lui de l'avertir, et le met en demeure de demander, dans un délai déterminé, sa mise à la retraite. Ce n'est que sur son refus formel, que le Tribunal fédéral peut, en séance solennelle, sur les conclusions du ministère public, prononcer cette mise à la retraite, et, à ce moment encore, l'État lui assure une pension honorable et proportionnée à ses années de service, pour lui permettre, dans tous les cas, d'achever les dernières années de sa vie, d'une manière digne et à l'abri du besoin.

En ce qui touche l'inamovibilité des magistrats composant les autres tribunaux : juges de bailliage, de district, de commerce, etc., le projet de loi s'était abstenu de statuer ; il laissait aux législations locales, la faculté de l'admettre ou de ne pas l'admettre ; mais la loi de 1877 leur enlève ce dernier vestige d'autonomie judiciaire, et étend le principe à tous les degrés de juridiction, sans aucune espèce d'exception (1).

(1) Pour plus de détails, voir l'*Étude du projet d'organisation judiciaire en Allemagne*, par M. Léon Dubarle, substitut près le tribunal de Melun.

IV. Si l'on voulait épuiser la liste des peuples qui ont cru devoir adopter l'inamovibilité et la perpétuité des fonctions judiciaires, il faudrait encore citer la majeure partie des nations de l'Europe, notamment l'Autriche, l'Italie, l'Espagne, le Portugal, le Danemark, les Pays-Bas, la Grèce, la Belgique. La constitution du 7 février 1831 qui régit ce dernier pays est on ne peut plus explicite. Art. 100, les juges sont nommés à vie. Aucun juge ne peut être privé de sa place ni suspendu que par un jugement. Le déplacement d'un juge ne peut avoir lieu que par une nomination nouvelle et de son consentement (1).

La Russie elle-même, quoique sous l'empire du despotisme, n'a pas voulu rester en arrière, et au cours de l'année 1864, le czar Alexandre II, a institué une Cour suprême de cassation, et déclaré expressément que ses membres seraient nommés à vie par le gouvernement et jouiraient de l'inamovibilité (2).

(1) Laferrière et Batbie, *les Constitutions d'Europe et d'Amérique.*

(2) Yvernès, *l'Administration de la justice civile et commerciale en Europe.*

CONCLUSION

Ici s'arrêtera cette étude sur l'inamovibilité. Nous avons essayé d'esquisser, quoique bien imparfaitement, les principaux éléments de la question ; nous avons vu qu'en France l'inamovibilité de la magistrature remontait à Louis XI, c'est-à-dire à une époque où la justice de l'ancienne monarchie avait déjà pris sa forme définitive ; nous avons établi ensuite dans un chapitre spécial que la théorie et la pratique étaient d'accord ensemble pour en constituer la meilleure garantie d'un ordre judiciaire sérieusement établi ; enfin, dans un chapitre troisième et dernier, nous avons montré que les peuples justement renommés par leur influence dans le monde n'avaient pas hésité à l'adopter avec ses conséquences.

Voilà autant de raisons assurément pour maintenir le *statu quo* et écarter les critiques et les objections. Malgré tout, il semble qu'oublieux des traditions historiques et des enseignements du présent, on soit résolu, envers et contre tout, à renverser un principe qui est, on ne saurait trop le répéter, la base de l'organisation judiciaire Et cependant eut-on jamais besoin plus pressant qu'à notre époque d'une justice solidement affermie? Un esprit supérieur n'a-t-il pas dit : « Un peuple, sous un gouvernement libre, sera malheureux si ses Cours de justice sont corrompues, sans zèle « ou soumises à l'influence de la multitude inconstante. Au

« contraire, ce même peuple, sous un gouvernement absolu, « pourra jouir d'une grande somme de bonheur si les lois « du pays sont parfaitement déterminées et administrées « avec capacité et équité (1). » Il faut aller dans les contrées où l'arbitraire tient lieu de la loi, où la justice n'est que l'instrument du pouvoir, pour se figurer jusqu'où peut descendre la misère du peuple en semblable occurrence.

Qu'on me pardonne ici un souvenir personnel. Il y a sept ans environ, je revenais de Constantinople sur un paquebot-poste français. Déjà le soleil avait disparu de l'horizon et la fraîcheur succédait à la chaleur d'une belle journée de juillet. Naturellement, des groupes se formaient sur le pont du navire, et les passagers de se communiquer leurs impressions, moyen ordinaire de tromper les ennuis de la traversée. Donc, les conversations allaient leur train et roulaient sur le pays que l'on venait de quitter, lorsque l'un des interlocuteurs, en réponse à je ne sais plus quelle observation, se mit à raconter l'anecdote suivante : « Messieurs, dit-il, vous « êtes habitués aux lois de l'Europe et vous croyez naturel- « lement qu'il suffit de réclamer justice pour l'obtenir. « Écoutez bien, s'il vous plaît, ce fait dont je vous garantis « l'exactitude. Au cours d'un long voyage au pays d'Orient, « un Roumi (2) se présente au domicile d'un Arabe afin de « louer le cheval dont il a besoin pour continuer sa route. « Les conditions du marché sont débattues, le prix est fixé, « et notre homme s'éloigne en saluant de ces mots : Tout « est parfaitement convenu, eh bien alors, à demain. — A « demain, s'il plaît à Dieu (*ânn cha Allah*), répond le pro-

(1) Lord Brougham déjà cité, *British constitution*.

(2) Les Orientaux donnent généralement aux Européens la qualification de Roumi.

« priétaire du coursier. — Comment, mais que disiez-vous « tout à l'heure, votre cheval n'est donc pas disponible? — « Si, vous l'aurez demain, s'il plaît à Dieu (*ânn cha Allah*). « Toujours même insistance d'un côté, toujours aussi même « réponse de l'autre. Bref, de guerre lasse, le Roumi se « retire et revient le lendemain à l'heure indiquée. Eh bien, « dit-il, où est le cheval? — Je ne l'ai plus, reprend l'Arabe. « — Comment, vous ne l'avez plus? — Non, le pacha en a « eu besoin, et il me l'a enlevé sans forme de procès. Je « vous l'avais bien dit que vous l'auriez aujourd'hui, s'il plai- « sait à Dieu. Et le Roumi se trouva dans la nécessité de « retarder son voyage faute de monture. »

Voilà en deux mots la garantie dont jouit la propriété dans les pays qui n'ont pas de justice, ou plutôt, qui ont une justice soumise au bon plaisir du pouvoir.

Admettez pour un instant la suppression de l'inamovibilité, et qu'à une autorité régulière succède une autorité de circonstance ou l'anarchie, et vous ne tarderez pas à vous trouver dans la position de l'Arabe vis-à-vis du pacha.

Ne vaut-il donc pas mille fois mieux, pour éviter de pareilles conséquences, maintenir l'inamovibilité telle qu'elle existe actuellement, et même suivre l'exemple de ces nations qui, comme l'Angleterre, non contentes d'y joindre le principe de la perpétuité des fonctions judiciaires, ont cru devoir l'entourer des précautions les plus minutieuses et les plus propres à réaliser la maxime si souvent répétée : que les magistrats rendent des jugements, non des services. »

Notre dernier mot sera donc : inamovibilité de la magistrature et perpétuité de ses fonctions.

TABLE DES MATIÈRES

Paris. — Imprimerie J. Dumaine, rue Christine, 2.

www.ingramcontent.com/pod-product-compliance
Ingram Content Group UK Ltd.
Pitfield, Milton Keynes, MK11 3LW, UK
UKHW020350220726
13923UKWH00004B/1601